Marc Platt

Evaluation des JBoss-Portals

GRIN - Verlag für akademische Texte

Der GRIN Verlag mit Sitz in München hat sich seit der Gründung im Jahr 1998 auf die Veröffentlichung akademischer Texte spezialisiert.

Die Verlagswebseite www.grin.com ist für Studenten, Hochschullehrer und andere Akademiker die ideale Plattform, ihre Fachtexte, Studienarbeiten, Abschlussarbeiten oder Dissertationen einem breiten Publikum zu präsentieren.

Dokument Nr. V77704 aus dem GRIN Verlagsprogramm

Marc Platt

Evaluation des JBoss-Portals

GRIN Verlag

Bibliografische Information der Deutschen Nationalbibliothek: Die Deutsche Bibliothek verzeichnet diese Publikation in der Deutschen Nationalbibliografie; detaillierte bibliografische Daten sind im Internet über http://dnb.d-nb.de/ abrufbar.

1. Auflage 2007
Copyright © 2007 GRIN Verlag
http://www.grin.com/
Druck und Bindung: Books on Demand GmbH, Norderstedt Germany
ISBN 978-3-638-82702-7

UNIVERSITÄT DUISBURG-ESSEN

Evaluation des JBoss-Portals

Seminararbeit

Vorgelegt dem Lehrstuhl für Wirtschaftsinformatik,
insb. betriebliche Kommunikationssysteme
der Universität Duisburg-Essen

von: Marc Platt

Wintersemester 06/07, 11. Studiensemester
voraussichtlicher Studienabschluss: Sommersemester 2007

Inhaltsverzeichnis

Abbildungsverzeichnis

Tabellenverzeichnis

Abkürzungsverzeichnis

API......... Application Programming Interface

AS........... Application Server

CMS .... Content Management System

CSS......... Cascading Style Sheets

EAI......... Enterprise Application Integration

ESB .... JBoss Enterprise Service Bus

HTTP .... Hypertext Transfer Protocol

IAO .... Fraunhofer Institut für Arbeitswirtschaft und Organisation

JBI .... Java Business Integration

JBP......... JBoss-Portal

JEMS .... JBoss Enterprise Middleware Suite

JSR-168 ... Java Specification Request 168

JVM .... Java Virtual Machine

PADEM ..... Portal Analyse und Design Methode

SSO......... Single Sign On

WebDAV... World Wide Web Distributed Authoring and Versioning

WSRP ...... Web Services for Remote Portals

WYSIWYG. What-You-See-Is-What-You-Get

1 Einführung

Der Begriff *Portal* wurde in den letzten Jahren im informationstechnischen Bereich für verschiedene Zwecke genutzt. So steht er heutzutage synonym für unterschiedliche Typen von Portalen mit verschiedenen Bedeutungen und Funktionen. Die folgende Seminararbeit stellt zu Beginn einige aktuelle Portaldefinitionen und Funktionen vor und erklärt, warum Portale in Unternehmen zunehmend eingesetzt werden (Kapitel 1.1 und 1.2). Im weiteren Verlauf wird im Speziellen auf Unternehmensportale und Portalsoftware im Rahmen der *Portal Analyse und Design Methode* (kurz: PADEM) des Fraunhofer Instituts eingegangen (Kapitel 2). Es wird aufgezeigt, nach welchen Kriterien Portalsoftware in PADEM analysiert und bewertet wird. Im Rahmen dieser Methode wird dann das *JBoss-Portal* (JBP), eine Open-Source-Portalsoftware, vorgestellt und beschrieben (Kapitel 3). Es werden die Bestandteile des JBP vorgestellt und anschließend wird beschrieben inwiefern das JBP die Vorgaben der *Fraunhofer PADEM Portalsoftware Referenzarchitektur 2.0* erfüllt. Im abschließenden Teil dieser Arbeit folgt eine zusammenfassende Bewertung des JBoss-Portals sowie ein kurzes Fazit (Kapitel 4).

1.1 Begriffsdefinitionen

Für den Begriff *Portal* gibt es mehrere unterschiedliche Definitionen im Bereich der Informationstechnologie. Eine ältere, allgemeine Definition eines Portals beschreibt dieses als „eine Webseite, die nach zielgruppenspezifischen Inhalten strukturiert ist und einen schnellen Zugang zu anderen Webseiten ermöglicht" [StHa2002, 115]. Im Laufe der Zeit folgten die Bezeichnungen vertikale und horizontale Portale. *Vertikale Portale* stehen für Portale, die Informationen über verschiedene Themenbereiche bereitstellen, um so den Nutzer möglichst lange aufgrund des umfangreichen, vielfältigen und breiten Angebots auf der Seite zu halten. Im Gegensatz dazu stellen *horizontale Portale* Informationen zu nur einem bestimmten, speziellen Thema bereit, das wiederum detaillierter präsentiert wird [TKLM2003, 215 ff.]. Nach dieser Definition wäre z.B. ein Sportportal vertikal, da es mehrere Sportarten abdeckt, ein Fußballportal jedoch dann horizontal, da es sich auf ein bestimmtes Themengebiet spezialisiert und dieses in der Breite präsentiert.

Aus diesen Definitionen folgend, entstanden auf Basis von Internettechnologien Unternehmensportale. Ein Unternehmensportal stellt eine Webanwendung auf Basis von Internettechnologien dar, die einen zentralisierten und personalisierten Zugriff auf Inhalte, sowie bedarfsgerecht auf unternehmensinterne Prozesse, ermöglicht [VIKG2005, 11]. Den Begriff Unternehmensportal muss man jedoch

abgrenzend zu den Begriffen Internet- und Unternehmenswebsites, sowie dem Intra- und Extranet betrachten. Unternehmenswebsites im Internet stellen ein Schaufenster für Kunden und Lieferanten dar. Hier werden das Unternehmen und seine Produkte präsentiert und es können dazu jeweils entsprechende Informationen abgerufen werden. Zusätzlich können Unternehmenswebsites über einen Onlineshop verfügen, um einen Direktvertrieb der eigenen Produkte zu ermöglichen. Das Intranet hingegen dient als Mittel zur Verbreitung von unternehmensinternen Informationen [VIKG2005, 12]. Dies bedeutet, dass Mitarbeitern eines Unternehmens die Möglichkeit gegeben wird, sich im Intranet Informationen beschaffen zu können, die das Unternehmen intern betreffen. Zu diesen Informationen zählen beispielsweise Dokumente für Urlaubsanträge oder Speisepläne der Betriebskantine. Analog verhält es sich für das Extranet. Hier steht jedoch nicht die unternehmensinterne Kommunikation, sondern die Kommunikation mit Geschäftspartnern im Vordergrund. Diesen wird hier ermöglicht, auf gemeinsam genutzte Informationen zuzugreifen [VIKG2005, 12].

Unternehmensportale lassen sich außerdem zielgruppenspezifisch klassifizieren. Eine Klassifizierung kann demnach z.B. nach Mitarbeitern (Employee Portals, Business-to-Employee Portals), Geschäftskunden (Business Portals, Business-to-Business Portals), Lieferanten (Supplier Portals) und Endkunden (Consumer Portals, Business-to-Consumer Portals) erfolgen.

1.2 Erfolgsfaktoren

Der Erfolg von Portalen und der Schritt in Richtung Unternehmensportale lassen sich dadurch begründen, dass ein Portal für einen Nutzer Informationen, die ihn betreffen, übersichtlich und personalisiert bereitstellt – wahlweise kann dies ein Informationsportal sein (horizontal oder vertikal), bei dem ein Nutzer die für ihn relevanten Informationen angeboten bekommt, oder aber ein Unternehmensportal, bei dem ein Mitarbeiter Zugriff auf alle für ihn relevanten Applikationen samt benötigten Informationen hat. Ein Unternehmensportal stellt eine Informations-, Kommunikations- und Arbeitsplattform für die erfolgreiche Umsetzung des elektronischen Geschäftsverkehrs dar (vgl. [VIKG2005, 7]). Unternehmensportale bringen Chancen aber auch Risiken mit sich. Die Einführung eines Portals, sofern sie auf einem gut ausgearbeiteten Konzept beruht, kann einem Unternehmen die Ausschöpfung wirtschaftlicher Potentiale ermöglichen [VIKG2005, 9].

Zudem kommt die immer einfacher werdende Implementierung von Portalen durch Portalsoftware, die bereits häufig die wichtigsten Funktionen eines Portals bereitstellt. Diese Funktionen sind auch Bestandteil der Referenzarchitektur 2.0

für Portalsoftware der Fraunhofer PADEM, auf die im nächsten Kapitel näher eingegangen wird.

2 Portal Analyse und Design Methode

Das folgende Kapitel gibt eine kurze Einführung in die Portal Analyse und Design Methode des Fraunhofer Institut für Arbeitswirtschaft und Organisation und stellt die Portalsoftware-Referenzarchitektur 2.0 vor, die später als Bewertungsgrundlage für das JBP dienen soll. Zum Abschluss dieses Kapitels werden Kriterien vorgestellt, die teilweise auf der Referenzarchitektur beruhen und ebenfalls für die Bewertung des JBP herangezogen werden. Diese Kriterien dienten schon als Grundlage bei der Bewertung und Auswahl von anderen Portalsoftwarelösungen im Rahmen der „Marktübersicht Portalsoftware 2005" [VIKG2005, 28 ff.].

2.1 Grundlagen und Umfang von PADEM

Die Portal Analyse und Design Methode (PADEM) des Fraunhofer Institut für Arbeitswirtschaft und Organisation (IAO) ist eine unterstützende Methode, die die Einführung eines Unternehmensportals von der Planung bis zur Nutzung begleitet (vgl. [VIKG2005, 18]). PADEM basiert auf einem Phasenmodell, das aus den fünf Kernphasen *Strategie, Analyse, Konzeption, Realisierung* und *Einführung* besteht. Diese fünf Kernphasen sind jeweils in durchzulaufende und sich gegebenenfalls wiederholende Unteraktivitäten aufgeteilt. Abbildung 1 stellt diesen Durchlauf der einzelnen Phase dar, auf den nachfolgend näher eingegangen wird.

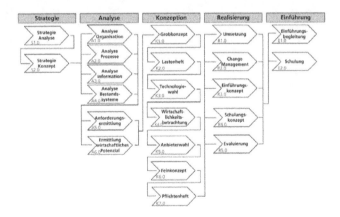

Abbildung 1: Vorgehensmodell von Fraunhofer PADEM
Quelle: [VIKG2005, 20]

Die Entwicklung der Portalstrategie steht im Mittelpunkt der Strategiephase. Hierbei steht das Finden von Optimierungspunkten im Bezug auf Organisation,

Prozessen und Systemen im Vordergrund (vgl. [VIKG2005, 21]). Die Strategie-phase dient als Grundlage für die Analysephase. Zuvor gefundene potenzielle Optimierungspunkte werden hier im Hinblick auf ihr Optimierungspotential ana-lysiert (vgl. [VIKG2005, 22]). Darauf folgt die Konzeptionsphase, in der in Ab-sprache mit dem einführenden Unternehmen ein Grobkonzept erstellt wird. Da-bei werden bei PADEM Referenzmodelle genutzt, die bei der Entwicklung von speziell auf das jeweilige Unternehmen zugeschnittenen Konzepten helfen sollen. Als eine mögliche Grundlage kann hierbei auch die (in Kapitel 2.2 beschriebene) PADEM-Referenzarchitektur 2.0 dienen. In dieser Phase entstehen auch die ers-ten optischen Prototypen, es wird eine Entscheidung über die zu verwendende Technologie getroffen und der Portalanbieter bzw. die Portalsoftware ausgewählt. Als Resultat eines abschließenden Feinkonzeptes steht am Ende der Konzepti-onsphase ein Pflichtenheft, das als Grundlage für die folgende Realisierungspha-se dient (vgl. [VIKG2005, 23 ff.]). In der Realisierungsphase wird das zuvor kon-zipierte Projekt umgesetzt, wobei es dabei nicht nur um die technische Imple-mentierung des Portals geht, sondern auch um ein Einführungskonzept in Ver-bindung mit dem Change Management und Schulungskonzepten, die wiederum Mitarbeiter, Organisation und Prozesse betreffen. Ein weiterer wichtiger Punkt in dieser Phase sind Tests und Zielerreichungskontrollen sowie Evaluierungen um die Qualität der Anwendung zu testen und eventuell weitere Optimierungspunkte zu finden (vgl. [VIKG2005, 25 ff.]). Die abschließende Phase bildet die Einfüh-rungsphase. Hierbei dient PADEM der Unterstützung bei der Einführung des Pro-jektes in den Betrieb sowie bei den nötigen Mitarbeiterschulungen.

Am Ende des Durchlaufs aller Phasen sollte ein durch PADEM-Unterstützung ent-standenes Unternehmensportal stehen, welches die Voraussetzungen der PADEM Portalsoftware Referenzarchitektur 2.0, die im folgenden Abschnitt behandelt wird, erfüllt.

2.2 PADEM Portalsoftware Referenzarchitektur

Die PADEM Portalsoftware Referenzarchitektur 2.0 besteht im Groben aus drei Schichten: der *Präsentationsschicht*, der *Anwendungslogik* und dem *Backend* (siehe Abbildung 2). Die Referenzarchitektur beschreibt, welche Komponenten in diesen Schichten vorhanden sein sollten, aber nicht zwingend vorhanden sein müssen und unterschiedlich stark ausgeprägt sein können. Sie dient einer trans-parenten Darstellung der Funktionen von Portalsoftware [VIKG2005, 14]. Die jeweiligen Komponenten und Funktionen dieser drei Schichten werden im fol-genden Kapitel vorgestellt und beschrieben.

2.2.1   Präsentationsschicht

Die Präsentationsschicht übernimmt die client-seitige Präsentation des Portals auf diversen Endgeräten [VlKG2005, 16]. Auf der einen Seite sind Webbrowser, wie z.b. der Microsoft Internet Explorer oder der Mozilla Firefox, zu erwähnen. Auf der anderen Seite können aber auch WAP-Browser für mobile Endgeräte, wie z.B. Mobiltelefone oder ähnlichem, zum Einsatz kommen. In dieser Schicht werden jedoch auch Konzepte, wie die barrierefreie Darstellung für Menschen mit Behinderung oder andere Konzepte bezüglich der Darstellung, beschrieben.

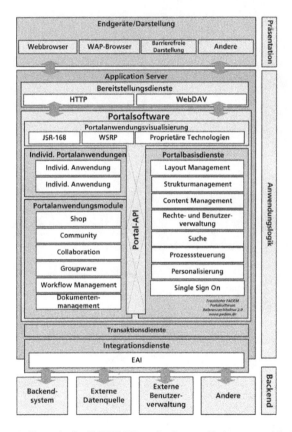

Abbildung 2: Fraunhofer PADEM Portalsoftware Referenzarchitektur 2.0
QUELLE: [VlKG2005, 15]

2.2.2 Anwendungslogik

Das Kernstück der Referenzarchitektur bildet die Anwendungslogik [VlKG2005, 16]. Sie besteht aus einem Webserver, der die Bereitstellungsdienste umfasst, und der Portalsoftware, die unter Umständen einen bestimmten *Application Server* (AS) voraussetzt (vgl. [GuHioJ]).

Zu den im Webserver vorzufindenden Diensten gehören das *Hypertext Transfer Protocol* (HTTP) und das *World Wide Web Distributed Authoring and Versioning* (WebDAV)[1]. Diese Dienste stellen die Schnittstelle zwischen der Portalsoftware und der Präsentationsschicht dar.

Die Portalsoftware wird im Rahmen der Anwendungslogik dieser Referenzarchitektur in vier Elemente aufgeteilt:

- *Portalanwendungsvisualisierung*

- *individuelle Portalanwendungen*

- *Portalanwendungsmodule* und

- *Portalbasisdienste*

Diese Komponenten kommunizieren jeweils über ein sog. *Portal Application Programming Interface* (Portal-API) und werden nachfolgend näher beschrieben.

2.2.2.1 Portalanwendungsvisualisierung

Zum Darstellen der einzelnen Portalanwendungen - auch Portlets genannt - im HTML-Format, werden Portalvisualisierungskomponenten benötigt. Ein Portlet ist eine Webanwendung auf Basis der Java-Technologie. Das Portlet wird durch einen Portlet-Container gesteuert, der die Requests bearbeitet und dynamisch den Inhalt des Portlets generiert. Portlets dienen in Portalen als Nutzerschnittstelle [AbHe2003, 13].

Die Portalvisualisierungskomponenten basieren auf verschiedenen Technologien und Standards. Zum einen ist die Portlet API nach dem *Java Specification Request 168* (JSR-168) zu erwähnen (siehe [AbHe2003]). Die nach dieser Spezifikation entwickelten Portlets sind in jeder Portalsoftware, die diese Spezifikation unterstützt, lauffähig und nutzbar. Die Spezifikation ist vor allem bei Open-Source-Portalen sehr weit verbreitet und ein Grund dafür, dass diese sehr häufig genutzt werden. Im Gegensatz dazu stehen die proprietären Technologien, die

---

[1] Siehe: http://www.webdav.org/specs/

nur von einem bestimmten Anbieter genutzt werden. So heißen z.B. beim Micro-soft Sharepoint Portalserver die Portlets *Webparts* [LaMV2006, 357]. Zudem wird keine Unterstützung von JSR-168 angeboten, was bedeutet, dass Portlets, die nach JSR-168 entwickelt wurden, nicht in diesem Portal genutzt werden können. Andererseits sind Webparts auch nicht zu anderer Portalsoftware kompatibel.

Abschließend wäre noch der *Web Services for Remote Portals*[2] (WSRP) Standard zu erwähnen. Er dient dazu, dynamische Inhalte von externen Portlets im eige-nen Portal einzubinden. Ein Beispiel stellt das Portlet eines Wetterdienstes dar, welches auf einem Wetterportal bereitgestellt wird und im eigenen Portal genutzt werden kann.

2.2.2.2   Individuelle Portalanwendungen
Zu den individuellen Portalanwendungen gehören spezielle, von der Portalsoft-ware angebotene Anwendungen, die nicht zu den Pflichtkomponenten gehören, aber auch selbst erstellte Anwendungen, die mit Hilfe der oben schon erwähnten Portlet API entwickelt wurden, um so eine Erweiterung des Portals um individuel-le Anwendungen zu ermöglichen. Zu diesen Erweiterungen zählen Komponenten, die nicht zwingend vorausgesetzt werden für die Nutzung eines Portals bzw. nicht zu den Portalbasisdiensten oder den Portalanwendungsmodule gehören. Diese individuellen Portalanwendungen sind weder in der Referenzarchitektur (siehe Abbildung 2) noch in der Literatur (siehe [VIKG2005]) genau definiert o-der vorgeschrieben.

2.2.2.3   Portalanwendungsmodule
Portalanwendungsmodule sind vorgefertigte Portalanwendungen, die mit der Portalsoftware ausgeliefert werden. Häufig sind sie Bestandteil einer Produktfa-milie und stellen jedes für sich die Lösung für ein bestimmtes Problem dar [VIKG2005, 16]. Zu diesen möglichen Anwendungsmodulen gehören z.B. *Shops, Communities, Collaborations, Groupware, Workflow Management* oder *Dokumen-tenmanagement* (siehe [VIKG2005, 16 ff., 32 ff.] und Abbildung 2). Diese Modu-le stellen eine Erweiterung des Funktionsumfangs des Portals dar. Teilweise bil-den sie auch die Grundlage für bestimmte Portaltypen, so wären bei einem Un-ternehmensportal u.a. die Module Collaboration, Groupware oder Workflow Ma-nagement erforderlich.

---

[2] Siehe: http://www.oasis-open.org/committees/wsrp/documents/wsrp_wp_09_22_2002.pdf

2.2.2.4   Portalbasisdienste

Die Portalbasisdienste stellen die Grundfunktionen einer Portalsoftware, die für den regulären Betrieb des Portals benötigt werden, dar. Diese Basisdienste lassen sich grob in drei Kategorien einteilen [VIKG2005, 30 ff.].

Als erstes sind die Dienste zu nennen, die im direkten Zusammenhang mit der Präsentation stehen. Dazu zählen das *Layout-, das Struktur-* und das *Contentmanagement*. Diese Dienste sind für die optische Aufbereitung des Portalinhalts zuständig. Das Layoutmanagement legt das Layout/Theme des Portals fest, z.b. kann das Theme eines Unternehmensportals hiermit an eine bestimmte Corporate Identity angepasst werden. Das Strukturmanagement beschreibt die Struktur und den inhaltlichen Aufbau des Portals, d.h. es wird festgelegt wie die einzelnen Komponenten bzw. Portlets in dem Portal angeordnet werden sollen. Das Contentmanagement verwaltet schließlich die individuellen Inhalte der einzelnen Portlets.

Die nächste Gruppe von Diensten bezieht sich auf die Verwaltung von benutzerspezifischen Inhalten. Hier ist die *Rechte-* und *Benutzerverwaltung* zu nennen. Sie ermöglicht den im Portal registrierten Nutzern den allgemeinen Zugang und Nutzern mit individuellen, zusätzlichen Rechten den Zugang zu speziellen Inhalten. Diese Rechteverwaltung kann wiederum auch auf verschiedenen Wegen realisiert werden (z.B. gruppen- oder rollenorientiert). Ebenfalls dazu zählen *Personalisierungsdienste*, die dem Nutzer die Möglichkeit bieten, sein Portal individuell zu gestalten bzw. dem Nutzer ein Portal bieten, das auf seine Anforderungen hin individuell eingerichtet worden ist. Hinzu kommt ein *Single Sign On* (SSO) Dienst, der dazu dient, dass sich ein Nutzer einmal im Portal anmeldet und dann verschiedene Komponenten, bei denen er sich normalerweise separat einloggen müsste, sofort nutzen kann.

Die letzte Klasse der Basisdienste bezieht sich auf die Komponenten, die die Arbeitsprozesse eines Unternehmens betreffen. Dazu zählt eine *Suchfunktion*, welche dem Nutzer die Möglichkeit gibt, die von ihn gesuchten Inhalte, Komponenten etc. schnell und einfach zu finden. Eine weitere Komponente kann zudem ein Dienst zur unternehmensinternen *Prozesssteuerung* sein, d.h. es sollte ein Schnittstellendienst vorhanden sein, der den Zugriff auf unternehmensinterne Prozesse und Anwendungen ermöglich.

2.2.3 Backend

Das Backend umfasst die Dienste und Funktionen zur Datenhaltung, sowie die betrieblichen Informationssysteme. Hierzu zählen Backendsysteme, externe Da-

tenquellen und Datenbanken, eine externe Benutzerverwaltung oder andere ä-
quivalente Systeme (siehe Abbildung 2). Neben diesen recht einfachen Daten-
bankschnittstellen werden aber auch *Enterprise Application Integration* (EAI)
Funktionen geboten, die zwar ein Bestandteil des AS sind, aber im direkten Zusammenhang Einfluss auf das Backend haben. EAI dient zur Abbildung von Ge-
schäftsprozessen auf die vorhandene IT-Infrastruktur in einem Unternehmen
[Schm2006, 165].

2.3 Auswahl- und Beurteilungskriterien

Der letzte Abschnitt zum Thema PADEM skizziert die Kriterien zur Auswahl von
Portalsoftware. Diese beruhen auf den Auswahl- und Beurteilungskriterien der
„Marktübersicht Portalsoftware 2005" und sollen im weiteren Verlauf der Arbeit
eine Möglichkeit der Beschreibung des JBPs bieten [VIKG2005, 28 ff.]. Sie finden
deshalb Verwendung, da sie eine Portalsoftware, besonders im Hinblick auf die
Referenzarchitektur, sehr weit reichend und differenziert, erklären und beschreiben. Der Entwicklung der Kriterien liegt folgende Definition des Begriffs *Portal* zu
Grunde: Portale sind eine Weiterentwicklung klassischer Internet- und Intranet-
technologien mit dem zusätzlichen Merkmal der Prozessorientierung. Ein Portal
ist definiert als eine Anwendung, auf Basis von Internettechnologien die „einen
zentralen Zugriff auf personalisierte Inhalte sowie bedarfsgerecht auf Prozesse
bereitstellt". Bezeichnend für Portale ist der Informationsaustausch von unterschiedlichen Anwendungen über eine Internetplattform. Single Sign On ermöglicht den zentralen Zugriff auf unterschiedliche Anwendungen über eine standar-
disierte Benutzeroberfläche [VIKG2005, 39]. Es bleibt noch zu erwähnen, dass
auf eine Darstellung der generellen Kriterien zur Anbieterauswahl verzichtet
wird, da diese Arbeit im weiteren Verlauf, nur Bezug auf das Produkt eines einzi-
gen Anbieters nimmt und die Auswahl eines Anbieters dahingehend keine Rolle
spielt. Im Folgenden werden also nur die allgemeinen produktspezifischen Kriterien sowie die technischen Kriterien in Anlehnung an die Referenzarchitektur
vorgestellt.

2.3.1 Allgemeine produktspezifische Kriterien

Die allgemeinen produktspezifischen Kriterien beschreiben die grundlegenden
Eigenschaften der Portalsoftware und bieten einen ersten Überblick über diese an
[VIKG2005, 29]. Es folgt nun eine Aufzählung der Kriterien und eine kurze Be-
schreibung eben dieser (vgl. [VIKG2005, 29 ff.]).

- *Allgemeine Produktangaben* (z.B. Name des Produkts, Version/Release-
  stand)

- *Eignung für verschiedene Portaltypen* (Portaltypen im Bezug auf die mögliche Zielgruppe)

- *Eignung für Unternehmensgrößen* (z.B. Skalierbarkeit und Performance)

- *Schwerpunkt/Stärke* (Hat die Portalsoftware einen Schwerpunkt in Bezug auf eine bestimmte technische Komponente)

- *Kosten* (Lizenzierung, Implementierung)

- *Serviceleistungen* (Dienstleistungen des Anbieters)

- *Produkterprobung* (Test vor Erwerb der Software)

Bei der Auswahl einer speziellen Portalsoftware sollen diese Kriterien einen ersten groben (nicht auf die technischen Aspekte bezogenen) Überblick über das Produkt geben.

2.3.2 Technische Kriterien

Zu den technischen Kriterien der betrachteten Portalsoftware gehören ihre unterstützten Funktionen und Verfahren [VIKG2005, 30]. Die folgenden Kriterien sind in Anlehnung an die PADEM Referenzarchitektur 2.0 für Portalsoftware (vgl. Kapitel 2.2) nach Portalbasisdiensten, Portalanwendungsmodulen und weiteren Eigenschaften unterteilt. Es folgt eine kategorisierte Aufzählung dieser Kriterien mit jeweils einer kurzen Beschreibung [VIKG2005, 30 ff.].

Zu den *Portalbasisdiensten* gehören *Content Management, Layout- und Strukturmanagement, Rechte- und Benutzerverwaltung, Personalisierung*, eine *Suchfunktion* sowie *SSO* (siehe [VIKG2005, 30 ff.] und Abbildung 2). Zum *Content Management* gehört dabei die Verwaltung von Inhalten und Grafiken mit Hilfe eines internen oder externen *Content Management Systems* (CMS). Das *Layout- und Strukturmanagement* verwaltet die Darstellung und die Anordnung der Portalkomponenten und des gesamten Portals. Ein wichtiges Beurteilungskriterium bei der *Rechte- und Benutzerverwaltung* ist einerseits die Art der Rechtevergabe, aber auch die Anbindbarkeit von Directory Services. Bei der *Personalisierung* berücksichtigt man die Individualisierbarkeit des Portals. Es sollte ebenfalls eine *Suchfunktion* vorhanden sein, die es ermöglicht das gesamte Portal nach unterschiedlichen Kriterien zu durchsuchen. Als letzten Basisdienst wäre das *SSO* zu nennen, wodurch ermöglicht werden soll, dass durch eine einmalige Anmeldung mehrere Komponenten, für die sonst eine separate Anmeldung nötig gewesen wäre, genutzt werden können.

Die *Portalanwendungsmodule* sind nach *Collaboration*, *Groupware*, *Workflow Management*, *Dokumentenmanagement*, *Shops* und *weiteren mitgelieferten/mitlizensierten Applikationen bzw. optionalen/kostenpflichtigen Applikationen* unterteilt [VIKG2005, 32 ff.]. Während *Collaboration-Module* für die Kommunikation zwischen verteilten Geschäftspartnern zuständig sind, dienen *Groupware-Module* zur Unterstützung von Kommunikationsprozessen. Ein *Workflow Management-Modul* unterstützt die Steuerung von unternehmensinternen Prozessen und ein *Dokumentenmanagement-Modul* soll bei der Verwaltung von elektronischen Dokumenten Verwendung finden. Ein *Shop-Modul* soll die Implementierung eines Online-Shops erlauben. Weitere mitgelieferte Applikationen und Module können ein Portal noch um zusätzliche Funktionen, die nicht direkt in der Referenzarchitektur vorgesehen sind, erweitern.

Portalbasisdienste	Portalanwendungsmodule	Weitere Eigenschaften
- Content Management - Layout- und Strukturmanagement - Rechte- und Benutzerverwaltung - Personalisierung - Suche - Single Sign On	- Collaboration - Groupware - Workflow Management - Dokumentenmanagement - Shop - Weitere mitgelieferte/ mitlizensierte Applikationen bzw. optionale/kostenpflichtige Applikationen	- Unterstützung von Portal-APIs - Verfügbare Entwicklungsumgebungen - Unterstützte Application Server, Datenbanken, Webserver und Plattformen - Erforderliche Rechnerausstattung nach Nutzeranzahl - Angaben zu Lastverteilung - Softwareanforderungen an Clients - Integration EAI - Integration von Officesuiten, Backendsystemen und Hostsystemen - Barrierefreiheit

Tabelle 1: Technische Kriterien von Portalsoftware

Einige der *weiteren Eigenschaften* von Portalsoftware sind nicht explizit in der Referenzarchitektur vorgesehen, stellen jedoch trotzdem ein Gütekriterium für Portalsoftware da. Zu den weiteren Eigenschaften gehören die *Unterstützung von*

Portal-APIs (wie z.B. die JSR-168 Spezifikation), *unterstützte Application Server* (auf Basis von J2EE oder .Net), *verfügbare Entwicklungsumgebungen* zum Testen und Debuggen, sowie Dokumentationen und Foren des Herstellers, *unterstützte Datenbanken, unterstützte Webserver, unterstützte Plattformen*, die *erforderliche Rechnerausstattung nach Nutzeranzahl, Angaben zur Lastverteilung, Softwareanforderungen an Clients, Integration von EAI, Officesuiten, Backendsystemen* und *Hostsystemen* sowie die *Barrierefreiheit* [VIKG2005, 34 ff.].

Tabelle 1 zeigt die zuvor erwähnten technischen Kriterien im Überblick.

Nach dieser Einführung in PADEM und einen möglichen Bewertungsansatz für Portalsoftware mit Hilfe der Referenzarchitektur für Portalsoftware, sowie der Darstellung der möglichen Bewertungskriterien, folgt nun eine Vorstellung und Beschreibung des JBP.

3   Das JBoss-Portal

Das folgende Kapitel stellt das JBoss-Portal von RedHat[3] vor. Nach einer kurzen Einführung in das JBP in Kapitel 3.1 und seiner im Lieferumfang enthaltenen Komponenten in Kapitel 3.2 folgt in Kapitel 3.3 eine abschließende Analyse und Bewertung der Portalsoftware auf Basis der zuvor in Kapitel 2.3 vorgestellten Kriterien. Die in dieser Arbeit gemachten Angaben beziehen sich (soweit es nicht anders angegeben ist) auf die Version 2.4 der Portalsoftware, da diese die letzte zur freien Nutzung freigegebene Version ist[4] (Version 2.6 ist schon erhältlich, jedoch nur als ein Developers Release).

3.1   Grundlagen des JBoss-Portal

Das JBP ist eine kostenfreie, plattformunabhängige, Open-Source-Portalsoftware der Firma RedHat. Es lässt sich in die Produktpalette der *JEMS Projects* (JBoss Enterprise Middleware Suite) einordnen und stellt eine Kernkomponente dieser dar. JEMS „ist eine hochgradig erweiterbare und skalierbare Produktsuite als Grundlage für die Entwicklung und Bereitstellung von E-Business-Applikationen"[5]. Zu den weiteren JEMS Projects zählen u.a. der *JBoss Application Server*, die Datenbankschnittstelle *Hibernate* oder auch der Webserver *Apache Tomcat*. Ebenso wie das gesamte JBoss-Projekt lebt auch das JBP von einer gro-ßen, aktiven Community, die direkt oder indirekt an der Entwicklung der Soft-ware beteiligt ist. So können Beiträge im *JBP-Developer Forum*[6] direkten Einfluss auf die Entwicklung zukünftiger JBP-Versionen nehmen. Der Open-Source-Charakter des JBP ermöglicht ein kostenloses Herunterladen[7] aller zur Nutzung benötigten Komponenten des JBP. Diese Komponenten sind zum einen die Por-talsoftware, sowie der JBoss Application Server auf Basis von J2EE. Dabei sei zu erwähnen, dass das JBP nur auf dem JBoss AS lauffähig ist. Die Portalsoftware selbst bietet eine breite Unterstützung an Technologien und auch Datenbanken (über das Hibernate Interface[8], das eine Datenbankschnittstelle darstellt, die eine hohe Kompatibilität mit verschiedenen, gebräuchlichen Datenbanken bie-tet), was wiederum für hohe Kompatibilität sorgt. Auf diese Technologien wird später noch detaillierter eingegangen (Kapitel 3.2 und 3.3). Da das Portal in ei-

---

[3] Siehe: http://www.redhat.com/
[4] Siehe: http://labs.jboss.com/portal/jbossportal/download/index.html
[5] Siehe: http://de.jboss.com/products/
[6] Siehe: http://jboss.org/index.html?module=bb&op=viewforum&f=205
[7] Siehe: http://labs.jboss.com/portal/
[8] Siehe: www.hibernate.org

ner *Java Virtual Machine* (JVM) betrieben wird, ist es auf jedem Betriebssystem lauffähig, das eine Java-Unterstützung anbietet (u.a. Microsoft Windows, UNIX und Linux). Die Installation des JBPs und des JBoss AS bedarf keiner großen Zusatzkenntnisse von Software und wird ausführlich im öffentlich abrufbaren *Reference Guide* erklärt [HeRD2006].

Das JBP beruht auf dem JSR-168, wodurch jedes zu dieser Spezifikation kompatible Portlet im JBP genutzt werden kann. Eine detaillierte Beschreibung des JSR-168 würde jedoch den Rahmen dieser Seminararbeit sprengen (siehe [AbHe2003]), weshalb im Folgenden nur kurz auf die Portalseitenerzeugung und deren Aufbau im Umfeld des JBP eingegangen wird, um zu zeigen nach welchem Prinzip das JBP Portlets verwaltet.

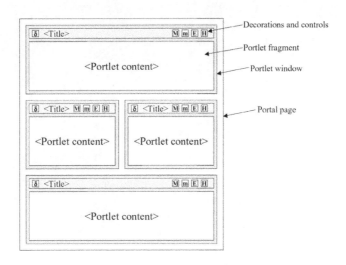

Abbildung 3: Aufbau einer Portalseite
Quelle: [AbHe2003, 19]

Den Aufbau einer Portal Seite zeigt Abbildung 3. Eine Portal Seite kann dementsprechend aus mehreren unterschiedlichen Portlets bestehen, die wiederum auf unterschiedlichster Art und Weise angeordnet sein können. Ein Portlet an sich besteht aus einem Portlet-Window mit einer Titelzeile und einem Portlet-Fragment. Die Titelzeile kann den Portlet-Namen, sowie Steuerungselemente, wie z.B. zum minimieren oder maximieren des Portlets enthalten („Decorations

and controls"). Das Portlet-Fragment stellt den Portlet-Content, also den Inhalt des Portlets, z.B. eine web-basierte Anwendung, dar.

Abbildung 4 wiederum zeigt die Erstellung solcher Portalseiten. Die generierten Portlets werden von einem Portlet Container verarbeitet und über den Portalserver an den Client weitergegeben. Dieser kann die Portalseite dann z.B. über einen Webbrowser abrufen.

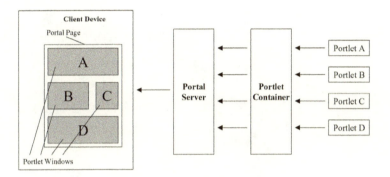

Abbildung 4: Portal-Page Creation

Quelle: [AbHe2003, 20]

Um die einzelnen Portalobjekte, wie das Portal, die Portalseiten oder die Portletinstanzen (Portlets müssen für die Nutzung vom Portlet Container instanziiert werden, siehe [Russ2006, 1 ff.]) definieren zu können, werden spezielle XML-Deskriptoren verwendet. Diese XML-Deskriptoren sind JBP typisch und sind nicht für jede JSR-168 kompatible Portalsoftware analog nutzbar. Sie beschreiben z.B. bei Portlets den Portlet-Namen, den Namen der Portletinstanz oder den Ort (die Seite) in der das Portlet erzeugt werden soll. Es gibt zusätzlich noch Deskriptoren, die die Datenquellen des Portals oder ihr Layout beschreiben.

Nach dieser allgemeinen und technischen Einführung in das JBP werden im nächsten Abschnitt die Bestandteile des JBP vorgestellt.

3.2 Komponenten des JBoss-Portal

Eine Portalsoftware soll nicht nur ein Framework für die Entwicklung und Darstellung von Portlets sein, sondern bestimmte Grundfunktionen (vgl. Kapitel 2.3.2.1) mitliefern. Zu diesen Grundfunktionen gehören z.B. eine Nutzerverwaltung oder ein CMS. Das JBP bietet nach der Installation den Zugriff auf die vier Portal-Pages *Admin Page*, *Default Page*, *News Page* und *Test Page* mit ihren unter-

schiedlichen Portlets, die unterschiedliche Funktionen und Informationen bereitstellen. Während die Test-Page-Inhalte sich von Version zu Version unterscheiden können, da diese Seite von den Entwicklern zu Test- und Debug-Zwecken
von neuen Funktionen und Technologien genutzt wird, stehen auf der News-Page
ein Wetter- und ein News-Portlet zur Verfügung [Russ2006, 8 ff.]. Diese liefern,
wie der Name erahnen lässt, Wetterberichte und aktuelle News-Meldungen und
stellen diese in einem Portlet dar. Diese sollen die Fähigkeit präsentieren, Informationen und Daten von externen Portalen und Portlets in eigene Portlets und
Portale einbinden zu können (z.B. auf Basis von WSRP). Diese ersten beiden Portal-Pages sind als Technologie-Demonstrationen zu verstehen und bieten einen
Überblick darüber, welche technischen Möglichkeiten das JBP bietet.

Abbildung 5: Die Admin-Page mit ihren Portlets
Quelle: [Russ2006, 27]

Eine detaillierte Beschreibung folgt nun von den Komponenten der *Admin-* und
der *Default-Pages*, da diese typische Portalfunktionalitäten darstellen. Auf Seiten
der *Default-Page* wäre im Detail das *User-Portlet* (siehe 3.2.2) vorzustellen, da
das *Greetings-*, *Page-* und *CMS-Portlet* nur kurz als Technologiebeispiele (CMS-
Portlet) und Einführungs- und Loginhilfen (Greetings-Portlet) für neue Anwender
vorgestellt werden und der Default-Page so einen Startseitencharakter verschaf-
fen. Die *Admin-Page* (siehe Abbildung 5) bietet hingegen Konfigurationsmöglichkeiten für Kernkomponenten und Basisdienste des Portals. Hier sind das *Management-Portlet* (siehe 3.2.1), das *Role-Management-Portlet* (siehe 3.2.3), das

CMS-Portlet (siehe 3.2.4) sowie nochmals das *User-Portlet* zu erwähnen (siehe 3.2.2), die im Folgenden detailliert vorgestellt und beschrieben werden. Das *Pages-Portlet* dient wie auch schon auf der Default-Page nur als Navigationshilfe, um zwischen den einzelnen Portal-Pages umschalten zu können.

3.2.1 Management-Portlet

Für die dynamische Konfiguration von Portlets oder der Portletinstanzen ist das Management-Portlet (siehe Abbildung 6) zuständig. Voraussetzung für die Nutzung von Portlets in diesem Umfeld ist, dass diese zuvor deployt[9] wurden, d.h. dass sich die Applikationen im Deploy-Ordner des AS befinden.

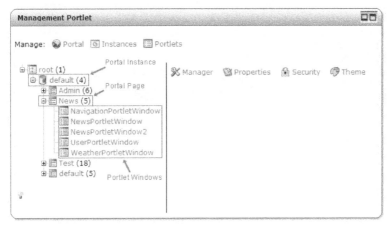

Abbildung 6: Das Management-Portlet
Quelle: [Russ2006, 22]

Das *Management-Portlet* ist in drei Bereiche aufgeteilt. Die obere Leiste dient zur Navigation zwischen den Bereichen *Portalansicht, Instanzenansicht* und *Portletansicht* [Russ2006, 15 ff.].

In der *Portalansicht* kann man in der linken Portlethälfte mit Hilfe eines Navigationsbaumes durch die Portalinstanzen, die Portal-Pages und die Portlet-Windows navigieren. Der Navigationsbaum stellt alle aktuell im Portal-Container deployten Komponenten dar. Nach einem Klick auf eine der Komponenten hat man nun in der rechten Bildhälfte die Wahl zwischen einer der vier Optionen *Manager, Pro-*

---

[9] Unter „*deployen*" versteht man das Installieren von Webapplikationen auf dem Webserver (siehe [HeRD2006])

perties, Security und *Theme* [Russ2006, 17 ff.]. Das *Managermenü* bietet je nach ausgewählter Komponente unterschiedliche Möglichkeiten. Hat man eine Portalinstanz ausgewählt, kann man in diesem Menü neue Portal-Pages erstellen. Bei einer ausgewählten Portal Page hingegen ist es möglich, ausgewählte Portletinstanzen in bestimmte Regionen der jeweiligen Portal Page einzufügen oder zu entfernen. Das *Propertiesmenü* zeigt bei Portalinstanzen zu bestimmten Properties (Layout, Theme, Layoutstrategy[10]) die aktuellen Werte an, d.h. man hat auf einen Blick die Möglichkeit zu sehen, welches Layout und welches Theme gerade verwendet werden. Das *Securitymenü* ermöglicht es, dass man für ausgewählte Portlets (oder auch Portal-Pages) festlegen kann, ob nur autorisierte Rollen Zugriff auf ein Portlet (bzw. die Portletinstanz) haben dürfen, oder aber ob selbst unangemeldete Besucher bestimmte Portlets sehen können. Die wählbaren Sicherheitseinstellungen (view, viewrecursive, personalize, personalizerecursive) werden später noch kurz im Rahmen der *Instanceansicht* vorgestellt. Diese Option ist dahin gehend wichtig für ein Unternehmensportal, da man auf diese Weise festlegen kann, dass bestimmte Rollen nur Zugriff auf die für sie vorgesehenen Anwendungen haben. Als letztes Menü wäre das *Thememenü* zu erwähnen. Hier kann man die Themes und Layouts, entweder für einzelne Portalpages, Portlets oder global für das gesamte Portal, festlegen [Russ2006, 17 ff.].

Die *Portletsansicht* listet alle auf dem Server deployten Portlets auf und bietet die Möglichkeit, über das Managermenü neue Instanzen des jeweiligen Portlets zu erstellen, welche dann in die Portlet Pages, wie zuvor geschrieben, eingefügt werden können.

Zum Modifizieren der *Portletinstanz-Preferences* dient die *Instancesansicht*. Hier hat man außerdem die Möglichkeit, die zuvor schon erwähnten Sicherheitseinstellungen im Bezug auf die Portletinstanzen festzulegen. Die vier möglichen Sicherheitseinstellungen die man pro Rolle festlegen kann sind *view* (der Nutzer kann das Objekt sehen), *viewrecursive* (der Nutzer kann das Objekt, sowie die Kinderobjekte sehen), *personalize* (der Nutzer kann das Objekt sehen und personalisieren) und *personalizerecursive* (der Nutzer kann das Objekt sehen sowie das Objekt selbst und seine Kinderobjekte personalisieren). Es ist noch zu beachten, dass die hier getroffenen Sicherheitseinstellungen immer Vorrang vor den Portlet-Sicherheitseinstellungen haben.

---

[10] Das Layout beschreibt die Struktur des Portals, also die Anordnung der Portlets. Das Theme beschreibt die optische Präsentation des Portals, z.B. in Form eines speziellen Corporate Designs

3.2.2   User-Portlet

Das *User-Portlet* stellt Informationen und Konfigurationsmöglichkeiten für ange-
meldete Nutzer bereit. Hierbei muss man beachten, dass die Art der Informationen und Konfigurationsmöglichkeiten je nach Anmeldestatus (angemeldet oder
nicht angemeldet) und Art der Rolle des angemeldeten Nutzers (Administrator
oder nicht) sich individuell unterscheiden können. Sollte ein Nutzer noch nicht
angemeldet sein, erscheint im Portlet ein Link zu einem Login-Fenster bzw. ein
Link zu einem Registrierungsfenster, in welchem man sich dann neu registrieren
kann [Russ2006, 4 ff.]. Dies lässt sich aber auch individuell gestalten, so dass
man als Nutzer nicht mehr selbst die Möglichkeit hat sich zu registrieren, sondern sich seinen Login von einer zentralen Instanz zuweisen lässt. Dieser Punkt
ist z.B. wichtig im Bezug auf ein Unternehmensportal: so haben dann auch nur
autorisierte Personen die Möglichkeit einen gültigen Account zu erhalten. Ebenfalls lässt sich diese Login-Page erzwingen. Das bedeutet, dass niemand Zugriff
auf Inhalte des Portals erlangen kann, ohne sich zuvor auf einer zentralen Login-
Page/Startseite[11] angemeldet zu haben.

Abbildung 7: Search-User Window
Quelle: [Russ2006, 39]

Ist man nun als gültiger Nutzer im Portal angemeldet, wird unterschieden ob
man ein „normaler" Nutzer ist oder ob man in der Rolle eines Administrators angemeldet ist. Als „normaler" Nutzer, also ein Nutzer der jede beliebige Rolle au-
ßer die des Administrators besitzt, bekommt man nur einen Link zu einem möglichen Logout geboten und einen Link zu einem Fenster, in dem man sein persön-
liches Profil editieren kann. Dieses Profil besteht aus einer Vielzahl von perso-

---

[11] Siehe: http://wiki.jboss.org/wiki/Wiki.jsp?page=ForceLoginPage

nenbezogenen Daten, die ein Nutzer angeben kann und teilweise auch muss. Mit Administratorrechten bekommt man zusätzlich zu diesen beiden Optionen noch die Möglichkeit eine Liste von allen registrierten Nutzern des Portals abzurufen. Diese Liste ermöglicht es, nach bestimmten Nutzern zu suchen, deren Profile zu bearbeiten bzw. zu aktualisieren sowie ihnen bestimmte Rollen zuzuweisen bzw. zu entfernen (siehe Abbildung 7 und [Russ2006, 38 ff.]).

In der kommenden Version 2.6 des JBP bietet das User-Portlet für Administratoren die Möglichkeit, neue Nutzer-Accounts zu erstellen. Es ist auch möglich, diese Option noch nachträglich in der Version 2.4 zu implementieren. Diese Funktion ist vor allem im Hinblick auf die oben erwähnte Nutzung des Portals als Unternehmensportal, bei dem sich nur autorisierte Nutzer registrieren können bzw. einen Account von einem Administrator zugewiesen bekommen.

3.2.3 Role-Management-Portlet

Nur für den Administrator über die Admin-Page erreichbar ist das *Role-Management-Portlet* [Russ2006, 40 ff.]. Er bekommt hier die Möglichkeit neue Rollen zu erstellen, Rollen zu bearbeiten oder bestimmte Rollenmitglieder zu editieren. Zum Erstellen neuer Rollen wird er zu einem Fenster weitergeleitet, in welchem er die Möglichkeit hat eine neue Rolle festzulegen und ihr einen Anzeigenamen zu geben. Unter der Option zum editieren einer vorhandenen Rolle, kann er den Anzeigenamen von einer ausgewählten Rolle ändern oder aber eine bestimmte, ausgewählte Rolle löschen. Beim editieren der Rollenmitglieder kann er eine bestimmte Rolle auswählen und sich zu dieser Rolle alle Mitglieder anzeigen lassen. Die Anzahl der angezeigten User kann dadurch begrenzt werden, dass man einen bestimmten User-Namen angibt, wodurch nur noch die Rollenmitglieder angezeigt werden, die auch dem User-Namen entsprechen, es müssen folglich nicht beide Kriterien (Rolle und Name) ausgefüllt sein. Den angezeigten Rollenmitglieder kann der Administrator dann einzeln (d.h. für jeden einzelnen Nutzer separat) weitere Rollen zuweisen bzw. Rollenzuweisungen entfernen.

3.2.4 CMS-Portlet

Das *CMS-Portlet* bietet einem Administrator die Kontrolle über das JBP interne CMS [Russ2006, 27 ff.]. Das Portlet bietet einen *Directory Browser*, über den der gesamte Portal-Content verwaltet werden kann. *Content* steht hierbei, für den eigentlichen Inhalt von Portlets, wie z.B. die darzustellenden Informationen eines Portlets. Das bedeutet, dass man als Administrator die Möglichkeit hat, neuen Content in das Portal zu importieren, aus dem Portal zu exportieren, neue Ordner zu erstellen bzw. Ordner zu löschen, sowie Dateien zu erstellen, zu kopieren

und zu löschen. Ein integrierter HTML-What-You-See-Is-What-You-Get-Editor (WYSIWYG-Editor) ermöglicht es zudem, direkt aus dem Portal heraus, eigene HTML-Seiten zu erstellen [Russ2006, 33]. Die so gemanageten Daten werden jedoch nicht, wie man es vielleicht vermuten könnte, direkt in einem speziellen Ordner des Dateiverwaltungssystems des Servers abgelegt, sondern in einer Datenbank. Diese Datenbank kann entweder lokal im Server-Umfeld liegen oder aber eine Hibernate-kompatible externe Datenbank sein. Dies hat zur Folge, dass man auf den Content direkt nur über das CMS-Portlet zugreifen kann und man keine Möglichkeit hat, die Inhalte über das Dateiverwaltungssystem zu verändern.

3.3 Bewertung des JBoss-Portals

Bevor man sich für eine Portalsoftware im Unternehmensumfeld entscheidet, sollte man überprüfen ob die Software auch den eigenen Anforderungen entspricht und diese auch erfüllen kann. Nach der Vorstellung der Basisdienste des JBP im vorangegangenen Kapitel, wird das JBP im Folgenden mit Hilfe der „Kriterien für die Auswahl einer Portalsoftware" [VIKG2005, 28] zuerst einmal beschrieben um dann, soweit dies möglich ist, im Hinblick auf den Einsatz als Unternehmensportal bewertet zu werden. Diese, in Anlehnung an die PADEM Portalsoftware Referenzarchitektur 2.0, ausgewählten Kriterien wurden der „Marktübersicht Software 2005" entnommen, in der diese schon als Bewertungsgrundlage dienten. Es werden nur die allgemeinen produktspezifischen sowie die technischen Kriterien beschrieben, da die Kriterien zur Anbieterauswahl aufgrund des Open-Source-Charakters des JBP keine große Rolle spielen bzw. wichtige Kriterien bezüglich des Anbieters, wie z.B. Support oder Kosten, bei den allgemeinen Kriterien anzutreffen sind. Die Analyse nach demselben Prinzip, wie es schon in der Marktübersicht genutzt wurde, erfolgt deshalb, weil dadurch der gesamte funktionelle und technische Umfang des Portals differenziert beschrieben werden kann und eventuelle Problemfelder und Schwachstellen erkannt werden können (siehe [VIKG2005]). Es bleibt noch zu erwähnen, dass im Gegensatz zu den in der Marktübersicht gemachten Angaben, die auf einer Anbieterbefragung beruhen, die nachfolgenden Daten in eigener Recherche zusammengetragen wurden.

3.3.1   Allgemeine produktspezifische Kriterien

Allgemeine Produktangaben: Das JBP ist momentan in der für die Produktion freigegebenen Version 2.4.1 erhältlich. Jedoch ist auch schon ein Developer Release der Version 2.6 [12]verfügbar, was darauf schließen lässt, dass eine neue Version bald folgen wird.

Eignung für verschiedene Portaltypen: Das JBP eignet sich für die unterschiedlichen Portaltypen (Mitarbeiter-, Geschäftskunden-, Lieferanten- oder Endkundenportale) gleichermaßen, da es nicht ein auf eine spezielle Zielgruppe zugeschnittenes Portal ist, sondern eher als Grundlage für die Entwicklung von Portalen im allgemeinen zu sehen ist. Mit Hilfe dieses Frameworks können dann Portale für die unterschiedlichsten Zielgruppen entwickelt werden.

Eignung für Unternehmensgrößen: Im Bezug auf die Skalierbarkeit und Performanz des Portals muss man sagen, dass diese von der verwendeten Serverarchitektur sowie der verwendeten Datenbank abhängt. Durch die hohe Kompatibilität zu verschiedenen Technologien, ist es möglich, das JBP auf einem System laufen zu lassen, welches Ideal für die eigenen Bedürfnisse und Anforderungen ist. Das JBP lässt sich so in bestehende Systemlandschaften problemlos integrieren.

Schwerpunkt/Stärke: Das JBP weist keinen funktionalen Schwerpunkt auf, da es ein Framework für die Erstellung eines Portals darstellt, welches als Basis für die Integration von zusätzlichen Applikationen dient. Daraus resultierend kann man den Schwerpunkt des JBP in der Integration von zusätzlichen Applikationen oder Portlets sehen, da der Umfang an mitgelieferten Applikationen nicht die Portalbasisdienste übersteigt. Spezielle Anwendungen, welche im Rahmen eines Unternehmensportals genutzt werden sollen, müssen somit entweder selbst entwickelt oder von Drittanbietern erworben werden. Es gibt jedoch auch im Rahmen der *JBoss.org Projects* und der *JEMS Projects* die Möglichkeit, zusätzliche Applikationen und Dienste für das Portal zu finden.

Kosten: Zu den großen Vorteilen dieses Open-Source-Produktes zählt die kostenlose Nutzung des JBP. Nach einem kostenlosen Download von der Entwicklerseite ist die Software sofort nutzbar. Zu den im weiteren Verlauf potentiell entstehenden Kosten, zählen dann wiederum Entwicklungs- und Anschaffungskosten für zusätzliche Portlets/Applikationen, welche für die Nutzung im Umfeld eines Unternehmensportals gebraucht werden (z.B. bestimmte Anwendungen für das

---

[12] Für die aktuelle Version siehe: http://labs.jboss.com/portal/jbossportal/download/index.html

Prozessmanagement) oder aber auch Implementierungskosten für das Portal, um es an die eigenen Bedürfnisse anzupassen. Zu diesen Kostentreibern gehören die Entwicklung von speziellen Komponenten, das Design eines bestimmten Layouts (Corporate Design/Corporate Identity) oder die Migration von bestehenden Nutzerdaten. Es fallen ebenfalls keine Kosten für einen möglichen Support an (siehe auch *Serviceleistungen*).

Serviceleistungen: Nach Anlegen eines Kundenkontos besteht die Möglichkeit, kostenpflichtigen technischen Support in Anspruch zu nehmen. Je nach gewählter Account-Art gibt es unterschiedlich umfangreichen Support, wie z.b. entsprechende Support Zeiten, Überwachung von Webserver, Bereitstellung von Patches oder ähnlichen Leistungen[13]. Aber auch hier spielt der Open-Source-Faktor eine bedeutende Rolle: Aufgrund einer großen und aktiven Community, besteht die Möglichkeit in Foren und Weblogs des Herstellers, nach Problemlösungen zu suchen, sich selbst aktiv an Problemlösungen zu beteiligen, sowie Best-Practice Beispiele für bestimmte Probleme zu finden. Die Reaktionszeit auf gepostete Fragen ist in der Regel relativ kurz und liegt zwischen ein paar Minuten und ein paar Stunden. In dieser Community beteiligen sich auch Mitarbeiter des Herstellers. Als weitere kostenlose Serviceleistung kann man die Bereitstellung des *User* und des *Reference Guides* anführen. Beide bieten eine ausführliche und detaillierte Dokumentation über die Nutzung des JBP (siehe [Russ2006]) und die Einrichtung des JBP (siehe [HeRD2006]).

Produkterprobung: Die Produkterprobung vor Erwerb der Portalsoftware (wenn man bei kostenloser Open-Source-Software überhaupt von Erwerb sprechen kann) kann auf zwei Arten erfolgen. Man hat zum einen die Möglichkeit sich die Portalsoftware herunter zuladen und lokal zu testen, es gibt aber zum anderen auch auf der JBoss-Webseite[14] die Möglichkeit einen Blick auf eine vorinstallierte funktionierende Version des JBP zu werfen, um so die Umgebung kennen zu lernen und die Funktionen des Portals zu testen. Dabei hat man Zugriff auf alle möglichen Basisdienste des Portals, wie z.B. CMS, User-, Role- und Portalmanagement usw.

3.3.2 Technische Kriterien

Es folgt nun eine Analyse der technischen Kriterien des JBP, welche sich aus der PADEM Referenzarchitektur 2.0 für Portalsoftware ableiten lassen. Auf die Refe-

---

[13] Siehe: http://www.jboss.com/services/profsupport
[14] Siehe: http://portal.demo.jboss.com/

renzarchitektur beziehen sich im Speziellen alle Portalbasisdienste, Portalanwendungsmodule sowie die weiteren Eigenschaften *Unterstützung von Portal-APIs, unterstützte Datenbanken, unterstützte Webserver, Softwareanforderungen an Clients* und *Integration EAI*.

3.3.2.1 Portalbasisdienste

Im Folgenden wird beschrieben, in wie fern das JBP, die in der Referenzarchitektur für Portalsoftware beschriebenen, Portalbasisdienste anbietet.

Content Management: Wie schon in 3.2.4 vorgestellt, stellt das JBP ein eigenes CMS bereit. Jedoch ist zu diesem CMS zu sagen, dass es für den redaktionellen Betrieb ungeeignet ist, da man die Zugriffsrechte für bestimmte Dateien oder Ordner nicht beschränken kann und zudem jeder Redakteur Administratorrechte haben müsste, um Zugriff auf das CMS zu haben. Die Einbindung eines eigenen oder externen CMS ist dahingehend sinnvoll (siehe: [HeRD2006]).

Layout- und Strukturmanagement: Es ist möglich für jede Portalseite unterschiedliche Themes und Layouts zu definieren. Das bedeutet, dass man die Möglichkeit hat für unterschiedliche Portaltypen unterschiedliche Designs festzulegen. Die Themes und Layouts sind einfach und intuitiv über das Management-Portlet zu ändern (siehe Kapitel 3.2.1). Neue Themes können einfach in einer WAR-Datei deployed werden und so direkt im Portal genutzt werden. Das Layout- und Strukturmanagement ist vollkommen flexibel. Man kann die Präsentation der Portlets an eigene individuelle Vorstellungen anpassen. Implementiert ist zudem noch eine Reiter-Navigation, mit der man durch die einzelnen Portal-Pages navigieren kann. Eine Tree-Navigation ist durch externe Technologien, wie z.B. mit *myFaces*[15] nachträglich implementierbar. Eine Anpassung und Konfiguration der Themes und Layouts ist demnach vom ganzen Portal über einzelne Portalseiten bis hin zum Portlet möglich (siehe: [HeRD2006]).

Rechte- und Benutzerverwaltung: Die Rechte- und Benutzerverwaltung erfolgt beim JBP intern. Die Benutzerdaten und die entsprechenden Rollen werden in einer Datenbank gespeichert. Jeder Nutzer hat nur Zugriff auf Portlets und Inhalte, die er aufgrund seiner Rollenzugehörigkeit autorisiert ist zu sehen. Die Benutzerdaten können in externen Datenbanken oder auf einer internen vorliegen. Man kann Nutzer erstellen, löschen, editieren, ihnen Rollen zuweisen oder aberkennen, sowie diese Rollen erstellen, editieren oder löschen. Es ist zudem mög-

---

[15] Siehe: http://myfaces.apache.org/

lich, eine externe oder eigene Benutzerverwaltung anzubinden [Russ2006, 38 ff.].

Personalisierung: Die Personalisierung ist im Bezug auf das Layout- und Strukturmanagement, sowie der Rechte- und Benutzerverwaltung so zu sehen, dass es möglich ist, Nutzern nur bestimmte Portlets anzuzeigen, die sie aufgrund einer Rollenzugehörigkeit sehen dürfen. Es können auch personenbezogene Daten visuell dargestellt werden, wie z.B. eine persönliche Begrüßung mit dem Nutzernamen. Diese Daten sind Bestandteil des integrierten *User Modules*[16] (Softwaremodul zu Verwaltung der Nutzerinformationen).

Suche: Eine Such-Funktion zum Durchsuchen des Portals nach Inhalten ist leider nicht enthalten. Administratoren haben jedoch die Möglichkeit, nach bestimmten Nutzern zu suchen.

SSO: Das JBP unterstützt JBoss und Tomcat SSO Lösungen. Damit wird es möglich, dass Nutzer sich einmal am Portal anmelden und damit alle im Portal integrierten Applikationen nutzen können, bei denen sie sich sonst separat hätten anmelden müssen. Zu einer unterstützten SSO Lösung zählt das *JBoss Federated SSO*[17].

3.3.2.2   Portalanwendungsmodule

Spezielle Anwendungsmodule gehören nicht zum Lieferumfang des JBP. Jedoch gibt es im Rahmen der *JBoss.Org Projects* und der *JEMS Projects*[18] gerade im Bereich der *Collaborationmodule* einige optionale Applikationen. Collaboration steht für die synchrone Kommunikation und Zusammenarbeit von verteilten Geschäftspartnern [VIKG2005, 32]. Zu diesen optionalen Modulen gehören das *JBoss Messaging*, die *JBoss Forums* und die *JGroups*. Letztere fällt mit ihrer Gruppenkommunikationsmöglichkeit auch unter die Rubrik der *Groupwaremodule*. *Workflow Management-* und *Shopmodule* gehören nicht zum Produktportfolio der JBoss.Org oder JEMS Projects. Jedoch ist hierbei die Möglichkeit gegeben, diese über externe, proprietäre Lösungen zu erwerben und einzubinden. Außerdem lassen sich zusätzlich Module recht einfach (je nach Umfang des Portals) selbst auf Basis des JSR-168 entwickeln.

---

[16] Siehe: http://wiki.jboss.org/wiki/Wiki.jsp?page=PortalUserManagement
[17] Siehe: http://labs.jboss.com/portal/jbosssso/?prjlist=false
[18] Vgl.: http://labs.jboss.com/portal/

3.3.2.3   Weitere Eigenschaften

Unterstützung von Portal-APIs: Das JBP unterstützt u.a. folgende Standards und APIs, die in der Referenzarchitektur unter den Punkt der Anwendungsvisualisierung fallen [HeRD2006]:

- die Portlet Specification und API 1.0 (JSR-168)[19]

- Content Repository for JAVA Technology API (JSR-170)[20]

- JAVA Server Faces 1.2 (JSR-252)[21]

- JAVA Management Extension (JMX) 1.2[22]

- Web Services for Remote Portlets (WSRP) 1.0 Base Level[23]

- Volle J2EE 1.4[24] Kompatibilität, wenn es zusammen mit dem JBoss AS genutzt wird

Durch die Unterstützung dieser unterschiedlichen Standards ist eine hohe Kompatibilität zu anderen Applikationen gegeben, welche ebenfalls auf diesen Standards basieren.

Unterstützte AS: Das JBP unterstützt nur den JBoss AS, welcher auf J2EE basiert. Da der JBoss AS auf Java beruht und auch sämtliche Java-Technologien beherrscht, wie z.B. JSP, EJB3.0 usw., ist das JBP zu diesen auch kompatibel. Es wird empfohlen, für die hier vorgestellte Version 2.4 des JBP mindestens den JBoss AS 4.0.4 GA zu nutzen um Inkompatibilitäten schon im Vorfeld auszuschließen (siehe: [HeRD2006]).

Verfügbare Entwicklungsumgebungen: Das JBP liefert keine eigene Entwicklungsumgebung mit. Im Rahmen der JEMS Projects ist jedoch eine *JBoss IDE for Eclipse* verfügbar. *Eclipse* ist eine beliebte Java Entwicklungsumgebung, vergleichbar mit dem *Microsoft Visual Studio*, die sich durch die JBoss IDE für die Portalentwicklung nutzen lässt. Als Unterstützung und Hilfe bei der Entwicklung im Rahmen des JBP dienen auch Foren auf den JBoss-Webseiten[25], in denen sich die User untereinander, aber auch mit den JBoss Entwicklern selbst austauschen können. Einen ersten Einstieg in die Portalentwicklung bietet auch die JBP Do-

---

[19] Siehe: [AbHe2003]
[20] Siehe: http://jcp.org/aboutJava/communityprocess/final/jsr170/index.html
[21] Siehe: http://jcp.org/aboutJava/communityprocess/final/jsr127/
[22] Siehe: http://jcp.org/aboutJava/communityprocess/final/jsr003/index3.html
[23] Siehe: http://www.oasis-open.org/committees/wsrp/documents/wsrp_wp_09_22_2002.pdf
[24] Siehe: http://java.sun.com/j2ee/1.4/docs/tutorial/doc/
[25] Siehe: http://www.jboss.org

kumentation (siehe: [HeRD2006]). Diese bietet eine übersichtliche Schritt-für-Schritt-Einführung in die Entwicklung von Portlets im Rahmen des JBP.

Unterstützte Datenbanken: Zur Unterstützung von verschiedenen Datenbankmanagementsystemen nutzt das JBP die Hibernate-Schnittstelle (vgl. Kapitel 3.1). Unterstützt werden durch die Hibernate-Schnittstelle unter anderem MSSQL, MySQL 4 und 5 sowie Oracle 9 und 10. Eine vollständige Liste der zu Hibernate kompatiblen Datenbanken befindet sich auf der Hibernate-Webseite[26]. Die im Lieferumfang enthaltene, voreingestellte HSQL-Datenbank simuliert eine Datenbank auf dem lokalen Dateiverwaltungssystem. Die Datenbanken und Datenquellen fallen unter die Backend Schicht der Referenzarchitektur.

Unterstützte Webserver: Im Rahmen der JEMS-Projekte wird der Apache Tomcat Webserver unterstützt. Der Tomcat Server kann allein oder in Verbindung mit dem JBoss AS genutzt werden. Es wird qualifizierter Support für den Tomcat Server in Verbindung mit den JBoss-Produkten angeboten. Die Nutzung des kostenlosen Tomcat Servers[27] passt optimal in das JBoss Open-Source-Konzept. Der Webserver stellt die Bereitstellungsdienste in der Anwendungslogik der Referenzarchitektur bereit.

Unterstützte Plattformen: Da das JBP auf Java basiert ist es zu allen Betriebssystemen kompatibel, die den Einsatz von Java ab dem JDK 1.4 ermöglichen. Dazu zählen u.a. Windows, Unix und Linux (siehe [HeRD2006]).

Erforderliche Rechnerausstattung nach Nutzeranzahl: Die minimale Rechnerausstattung für den Betrieb liegt bei 512 MB RAM, 50 MB Festplattenspeicher, einer 400 Mhz CPU und der zuvor erwähnten Java Kompatibilität (siehe [HeRD2006]). Zur Rechnerausstattung im Bezug auf eine bestimmte Nutzerzahl lässt sich an dieser Stelle keine Aussage machen. Man darf davon ausgehen, dass mit wachsender Last die Rechneranforderungen ebenfalls steigen.

Angaben zu Lastverteilung: Das JBP bietet unterschiedliche Dienste zur Lastverteilung. Zu diesen Diensten zählt das *Clustering* (siehe [HeRD2006]), aber auch das *Load Balancing*. Diese Dienste gehören zum Umfang des JBoss AS.

Softwareanforderungen an Clients: Um Zugriff auf das JBP haben zu können, brauchen Nutzer nur einen Webbrowser, wie z.B. den *Mozilla Firefox* oder den *Microsoft Internet Explorer.* Bei der Entwicklung des Portals, vor allem beim Er-

---

[26] Siehe: http://www.hibernate.org
[27] Siehe auch: http://labs.jboss.com/portal/tomcat/?prjlist=true

stellen eines Layouts mit Hilfe von *Cascading Style Sheets* (CSS), ist auf die unterschiedliche Interpretation dieser auf den unterschiedlichen Webbrowsern zu achten. Dieses Kriterium gehört der Präsentationsschicht der Referenzarchitektur an.

Integration EAI: Beim JBP sind im Lieferumfang keine eigenen Integrationswerkzeuge vorhanden. Abhilfe schaffen hier aber die *JBoss.org Projects* mit dem *Seam* Projekt. Seam stellt einerseits ein „application framework for building next generation Web 2.0 applications" [28] dar, anderseits bietet es eine einfache Integrationsmöglichkeit mit dem *JBoss Enterprise Service Bus* (ESB) und der *Java Business Integration* (JBI).

Integration von Officesuiten: Das JBP bietet keine Integration von Officesuiten, wie es z.B. beim *MS Sharepoint Server* der Fall ist [LaMV2006, 71 ff.], an.

Integration Backendsysteme: Hierzu ist keine Aussage möglich.

Integration Hostsysteme: Hierzu ist keine Aussage möglich.

Barrierefreiheit: Hierzu ist keine Aussage möglich.

Nach dieser Beschreibung des JBP an Hand ausgewählter Kriterien der „Marktübersicht Portalsoftware" folgt abschließend eine zusammenfassende Bewertung des Produkts sowie ein Fazit.

---

[28] Siehe auch: http://labs.jboss.com/portal/jbossseam/?prjlist=true

4 Zusammenfassung

Das JBP stellt ein solides Portalframework dar. Es bietet aufgrund der Java und JSR-168 Basis ein gutes Fundament für Eigenentwicklungen von Portlets oder der Einbindung zusätzlicher Applikationen von Drittanbietern. Diese zusätzlichen Applikationen können kommerzielle Lösungen oder kostenfreie Open-Source-Produkte sein.

Daraus ergibt sich ein weiterer Vorteil: Das JBP und alle zum Betrieb benötigten Komponenten stehen vollkommen kostenfrei zum Download bereit. Außerdem gibt es in der JBoss Community weitere Projekte (wie z.B. die JEMS Projects), die das Portal in seinem Funktionsumfang erweitern und verbessern (z.B. Seam, Forums, Hibernate, Eclipse IDE usw.). Es wird ebenfalls ein guter Support angeboten. Dieser kann kostenpflichtig sein, z.b. in Form von Workshops oder Hotlines oder aber kostenlos über das User- und Developer-Forum erfolgen. In diesen Foren hat man die Möglichkeit eventuelle Wünsche oder Verbesserungen für neue Versionen des Portals vorzuschlagen und so aktiv Einfluss auf die Entwicklung zu nehmen. Hinzu kommt, dass diese Foren, sowie auch die Dokumentation des Portals, einen schnellen Einstieg in die Portal- und Portlet-Entwicklung geben. Weitere Projekte bieten die Möglichkeit zur Entwicklung von Anwendungen auf Basis neuer Technologien. Als Beispiel ist hier das Seam Projekt anzuführen, das die Entwicklung von Web 2.0 Applikation mit Hilfe unterschiedlichster neuer Technologien, wie *AJAX*, *JSF* oder *EJB3.0* ermöglicht. Ein weiterer positiver Aspekt ist, dass das JBP sehr individuell anpassbar ist. So kann man nicht nur das optische Erscheinungsbild des Portals leicht und komfortabel abändern, sondern mit Hilfe des Quell-Codes auch selbst Änderungen an der Portalsoftware vornehmen und es an die eigenen Bedürfnisse anpassen.

Jedoch hat das JBP auch Nachteile. So bietet das JBP nur die Portalbasisdienste an. Es ist nicht direkt für die Nutzung als Unternehmensportal entwickelt worden, sondern dient eher als eine Basis für die Entwicklung von komplexen Portalen. Andere Produkte, wie z.b. das SAP Netweaver Portal, stellen einen Teil einer Unternehmensgesamtlösung dar, die die direkte Integration von prozess- oder workflowunterstützenden Komponenten bietet, das JBP jedoch nicht. Zu diesen Portallösungen werden also direkt weitere Softwareprodukte angeboten, welche miteinander kompatibel und aufeinander abgestimmt sind. Hier erscheint auch der Kostenvorteil des JBP in einem anderen Licht: das Geld, das bei der Anschaffung gespart wird, muss später eventuell in die Eigenentwicklung von weiteren

Komponenten investiert werden oder um teure kommerzielle Produkte zu erwerben, die zusätzlich in das Portal integriert werden müssen.

Als Fazit bleibt festzuhalten, dass das JBP eine gute Plattform und Framework für die Eigenentwicklung eines Portals auf Basis verschiedenster, moderner Java-Technologien darstellt. Es stellt jedoch keine Portalgesamtlösung, die von einem Unternehmen mit dem gewünschten Funktionsumfang erworben wird und ein einsatzbereites Gesamtpaket bietet, dar.

Literaturverzeichnis

AbHe2003   Abdelnur, Alejandro; Hepper, Stefan: Java Portlet Specification.
            http://jcp.org/aboutJava/communityprocess/final/jsr168/, Abruf
            am 2007-02-07, Sun Microsystems inc., 2003.

GuHioJ   Gurzki, Thorsten; Hinderer, Henning: Eine Referenzarchitektur
            für Portalsoftware. http://www.gurzki.com/portalmanagement/
            portalarchitektur/index.html, Abruf am 2007-01-07.

HeRD2006   Heute, Thomas; Russo, Roy; Dawidowicz, Boleslaw: JBoss-Portal
            2.4 Reference Guide. http://docs.jboss.com/jbportal/v2.4
            /reference-guide/en/html/index.html, 2006-07, Abruf am 2007-
            01-07 (Startseite des Online Reference Guides).

LaMV2006   Laahs, Kevin; McKenna, Emer; Veli-Matti, Vanamo: Microsoft
            Sharepoint-Technologien. Addison-Wesley Verlag, München
            2006.

Russ2006   Russo, Roy: JBoss Portal 2.4 User Guide. http://docs.jboss.com/
            jbportal/ v2.4/user-guide/en/pdf/JBossPortalUserGuide.pdf,
            2006-07, Abruf am 2007-01-07.

Schm2006   Schmale, Torsten: Mit EAI und SOA zum Real-Time Enterprise.
            In: Aier, Stephan; Schönherr, Marten (Hrsg.): Enterpise Applica-
            tion Integration – Serviceorientierung und nachhaltige Architek-
            turen. GITO-Verlag, Berlin 2006, S. 157- 196.

StHa2002   Stahlknecht, Peter; Hasenkamp, Ulrich: Einführung in die Wirt-
            schaftsinformatik. Springer, Berlin, Heidelberg, New York 2002,
            S. 115

TKLM2003   Theis, Fabian (Hrsg.); Kuhn, Stefan;Langham, Matthew; Müller,
            Jürgen; Wang, Dapeng; Ziegeler, Carsten: Portale und Webap-
            plikationen mit Apache Frameworks. Software & Support Verlag,
            Frankfurt 2003, S. 215-223.

VlKG2005   Vlachakis, Joannis; Kirchhof, Anja; Gurzki, Thorsten: Marktüber-
            sicht Portalsoftware 2005. Fraunhofer IRB Verlag, Stuttgart
            2005.